AF268221

NOS MALHEURS

ET

LA LOI DU SACRIFICE

PAR

LE R. P. VINCENT DE PASCAL

DE L'ORDRE DES FRÈRES PRÊCHEURS

LYON

FÉLIX GIRARD, LIBRAIRE-ÉDITEUR

RUE SAINT-DOMINIQUE, 6

—

1871

AVANT-PROPOS.

La France est à *refaire*.

Chacun, à cette heure, apporte son plan de restauration sociale.

A côté des rêves sanglants des sectaires, l'on voit se produire des idées honnêtes et généreuses. L'on sent qu'il faut quitter les errements du passé, sous peine de rester au fond de l'abîme, qui s'est ouvert sous nos pas.

Je suis loin de contester la valeur de toutes ces conceptions et de tous ces efforts : ils doivent avoir leur place dans le travail de reconstruction que l'on entreprend. J'ose cependant affirmer que rien de solide et de stable ne se fera, tant que l'on ne reviendra pas hautement et pratiquement à l'*esprit de sacrifice*. Le retour à la loi du sacrifice : telle est la condition la plus essentielle de la résurrection de la France.

Tout le but de ces modestes pages est de démontrer l'urgente nécessité de ce retour.

Français, je puis avoir une opinion formée et un jugement arrêté, sur l'efficacité de telle ou telle solution politique, de telle ou telle forme de gouvernement ; prêtre et religieux, je ne veux pas me jeter dans cette mêlée ardente. Je place la question à une hauteur, où tous les hommes sérieux de tous les partis sérieux peuvent se rencontrer, et se tendre la main.

A tous, je dis la parole même de Jésus-Christ : « Sui- « vez-moi dans la voie du sacrifice. » *Sequere me* (1).

Je serai bref ; j'espère être clair.

Je m'adresse aux hommes de bonne foi ; qu'ils veuillent bien lire avec attention ces lignes inspirées par le plus vif amour pour les âmes et pour notre malheureuse patrie ; j'ai la confiance qu'elles ne laisseront pas leurs esprits rebelles ou douteurs.

Carpentras, couvent du T.-S. Rosaire, le 15 mars 1871.

____

(1) S. Matth., ix, 9.

NOS MALHEURS

ET

LA LOI DU SACRIFICE

———

I

« Les représentants du peuple français, constitués en assemblée
« nationale, considérant que l'ignorance, l'oubli ou le mépris des
« droits de l'homme sont les seules causes des malheurs publics et
« de la corruption des gouvernements, ont résolu d'exposer, dans
« une déclaration solennelle, les droits naturels, inaliénables et sa-
« crés de l'homme : afin que cette déclaration, constamment pré-
« sente à tous les membres du corps social, leur rappelle sans cesse
« leurs droits et leurs devoirs ; afin que les actes du pouvoir légis-
« latif et ceux du pouvoir exécutif, pouvant être à chaque instant
« comparés avec le but de toute institution politique, en soient plus
« respectés ; afin que les réclamations des citoyens, fondées désor-
« mais sur des principes simples et incontestables, tournent tou-
« jours au maintien de la constitution et au bonheur de tous (1). »

L'on était au 4 août 1789 ; l'âge d'or allait s'ouvrir. Hélas !.....
nous sommes au 15 mars 1871, et que voyons-nous ? L'intelligence
humaine sombrant dans les abjections du matérialisme, ou dans les
angoisses du scepticisme ; la famille, amoindrie dans sa dignité, ne
donnant plus à la patrie ces nombreuses et vaillantes générations

—————

(1) Préambule de la Déclaration des droits de l'homme.

qui en sont l'honneur et le rempart; la propriété, menacée par des convoitises sauvages; l'effrayant problème de la misère grandissant chaque jour; le pouvoir, sans force et sans stabilité; la France, humiliée, dévastée, mutilée par l'épée insolente du César allemand, déchirée au dedans par des passions sans frein; tous les intérêts troublés, tous les droits méconnus : en un mot, la société affolée de terreur, sur le bord du précipice, et se demandant avec anxiété si elle peut se promettre un lendemain.

Ce sont là des faits indiscutables, éclatants comme l'évidence, poignants comme la plus douloureuse réalité. La France a-t-elle donc vécu, et faut-il nous résigner à jeter sur son cercueil, à jamais scellé, ce cri de désespoir : *Finis patriæ?*

Oui, si l'on s'obstine à ne pas voir d'où vient le mal, et à repousser le remède. Non, si l'on a le courage de mettre la plaie à nu, et de suivre résolument le traitement qui seul peut nous amener à parfaite guérison.

II

D'où vient donc le mal?

De la disparition à peu près totale de l'esprit de sacrifice.

L'homme et la société trouvent leur félicité et leur grandeur dans la soumission aux lois que leur a imposées la Providence. S'ils les violent, s'ils les font céder sous la pression des mauvais penchants, Dieu, pour les punir, n'a qu'à les livrer aux suites logiques de leurs fautes : ils trouveront leur châtiment dans les conséquences mêmes de leur révolte.

Or, dans l'état présent, la loi fondamentale de toute vie humaine et sociale, c'est la loi du sacrifice. Pour nous, créatures libres et emportées par nos penchants désordonnés, le sacrifice est le signe de notre dépendance à l'égard de Dieu, le titre de notre noblesse, l'épée qui gagne les batailles dans nos luttes d'ici-bas.

Pour rendre féconds les sillons que nous traçons dans cette vie, il les faut arroser de nos sueurs et de notre sang; nous ne pouvons rien que par l'effort, et à la condition de nous vaincre. *Durus est hic sermo* : c'est là une austère vérité. Mais n'est-ce pas la vérité?

Un coup d'œil rapide sur l'homme et sur la société suffira pour nous en convaincre.

L'esprit de l'homme, emporté par le souffle de l'indépendance, se laisse prendre à toutes les vaines et fausses doctrines; son cœur et ses sens, laissés à eux-mêmes, descendent à toutes les abjections. Le sacrifice ramène l'esprit à la vérité par l'humilité, et en lui inspirant le sentiment de sa faiblesse; il assainit la vie morale, en réglant et en contenant les passions.

Dans l'ordre domestique, sans le sacrifice, le mépris des plus saintes lois du mariage, l'absence de véritable dévouement et de respect, l'amour du changement et l'entraînement du luxe dissolvent et détruisent la famille.

Soustrayez l'ordre économique à l'empire de la loi du renoncement et du sacrifice, tout va à l'égoïsme et à la misère : la richesse cesse d'être bienfaisante; le cœur du pauvre s'emplit de haines terribles; le travail, découronné de sa dignité, privé d'une fécondité durable, devient une servitude, et conduit au hideux paupérisme; partout le malaise et le désordre. La liberté et la propriété, bases du progrès matériel, ne produisent que des fruits de mort, et disparaissent bientôt elles-mêmes, si elles ne sont tempérées et gouvernées par la charité. Et qu'est-ce que la charité, sinon la plus haute expression du sacrifice (1)?

Dans l'ordre politique, sans l'esprit de sacrifice, l'autorité se sépare du devoir, et, au lieu d'être un *service*, elle devient une *ex-*

---

(1) Sur cette matière d'un si haut intérêt, nul n'a mieux dit que M. Charles Périn, professeur de droit public à l'université de Louvain, dans son remarquable ouvrage : *De la Richesse dans les sociétés chrétiennes.* (2ᵉ édition. Lecoffre, Paris, 1868.)

ploitation. De son côté, la liberté, prétendant à l'indépendance, ne veut plus obéir, et la société est condamnée à passer tour à tour de la dictature d'en haut à la dictature d'en bas.

Enfin, si nous considérons les relations de peuple à peuple, les événements dont nous avons été les témoins et les victimes, nous apprennent quels fléaux déchaînent sur le monde des convoitises sans mesure, et des ambitions sans règle. L'esprit de sacrifice, seul, peut inspirer à la force le respect du droit, et faire revivre la justice et la loyauté dans l'ordre international, livré à la plus complète anarchie.

Ainsi, à tous les degrés, nous retrouvons cette loi du sacrifice comme condition absolue de toute véritable prospérité, même purement matérielle. Au fond, rien de plus simple : l'homme et la société vivent de vertus ; bannissez des cœurs le sacrifice, la vertu n'est plus qu'un nom, le dévouement un non-sens ; un individualisme égoïste devient le principe et la règle de toute la vie ; l'utile prend la place du noble et du juste ; on n'aspire qu'à la paix, non à cette paix qui est le repos dans l'ordre, *tranquillitas ordinis*, car l'ordre demande une énergie constante qui le défende contre les envahissements des passions, mais à cette paix qui est le repos dans le bien-être et dans la jouissance. Quand une société en est arrivée là, elle est *défaite ;* elle peut s'envelopper de pourpre et porter du fard aux joues : c'est un cadavre, et l'ennemi n'a qu'à toucher du bout de son épée ce fantôme de peuple pour le faire tomber en poussière.

Qui osera nier ces vérités ?

III

Et maintenant qu'est devenu parmi nous l'esprit de sacrifice ? Qu'avons-nous fait de cette loi du renoncement, qui doit inspirer et gouverner toute notre existence? Hélas ! l'histoire contemporaine élève ici son témoignage accusateur. Le paganisme, négation radicale du sacrifice, a reparu au milieu de nos sociétés baptisées. Sans doute, les idoles de bois et de pierre, frappées par la parole de Jésus-Christ, sont demeurées à terre ; mais ces autres idoles dont parle l'Apôtre, l'orgueil, l'impureté, l'avarice, se dressent encore triomphantes dans un trop grand nombre d'âmes, et reçoivent l'encens de tout un peuple d'adorateurs. L'homme s'est séparé de Dieu, et après avoir proclamé la souveraineté de sa nature, il en est arrivé à décréter la légitimité des dernières convoitises. L'erreur étalant avec une cynique audace ses extrêmes conséquences, et prêtant aux plus vils instincts le caractère et l'autorité des principes, nous l'avons vue tenir école de sensualisme, prêcher la *réhabilitation de la chair*, et prétendre faire de la morale avec la plus abjecte immoralité. Jouir est devenu le suprême but de la vie. L'amour des sens a appelé l'amour des richesses ; car pour se satisfaire, les passions ont besoin de cette poussière brillante qui achète le plaisir : l'or est l'instrument de la jouissance. A cette concupiscence de la chair et des yeux l'on a bâti des palais somptueux, véritables sanctuaires des générations contemporaines. Le théâtre, l'art par ses mille manifestations, la presse surtout, se sont faits les pourvoyeurs des appétits sensuels, et se sont appliqués à remuer la boue fétide qui gît dans les bas-fonds du cœur humain. Sous l'action de ces dissolvants, tout s'est décomposé : une jeunesse énervée n'a plus su se passionner pour les nobles causes ; la famille, presque tarie dans sa source, n'a plus rassemblé autour du foyer domestique que de maigres rejetons à la sève appauvrie ; un trop grand nombre de jeunes femmes, oublieuses, chose triste à dire, de la modestie et de la réserve qui font le plus bel ornement de leur sexe, ont donné l'exemple d'un luxe insolent et ruineux, et étalé dans les sociétés mondaines une légèreté de mœurs, une indécence de modes, qui rappelaient les plus mauvais jours de Rome païenne, ou de la dissolution générale qui précéda les sombres catastrophes du xviiie siècle expirant (1).

Le mal a gagné de proche en proche jusqu'aux classes les plus populaires ; les ouvriers de nos villes, les travailleurs de nos campagnes, sont devenus la proie d'un système de corruption savamment organisé, et dont on faisait un instrument de règne. A peine si dans ce vaste corps social il est resté quelque partie saine.

Cette répudiation, à peu près générale, de la loi du sacrifice, cet oubli des choses de l'âme pour les choses des sens, cette poursuite effrénée du bien-être, ont abaissé les idées et les sentiments, et dégradé le caractère national, que la nature et le baptême avaient fait si généreux. De Bonald avait écrit ces paroles immortelles : « L'administration doit faire peu pour les plaisirs du peuple, assez « pour ses besoins, tout pour ses vertus. » Mais de Bonald n'était qu'un politique d'ancien régime. Toute la prudence de nos sages

(1) Un écrivain étranger a tracé des dernières années du second empire un tableau dont nous reproduisons quelques traits.

« Sous ce système décevant, dit-il, les femmes françaises cherchèrent exclusive-« ment à se surpasser les unes les autres dans le luxe et la dépense exagérée, tandis « que les hommes perdaient le courage qui en d'autres temps avait largement com-« pensé leur frivolité. Tout ce qui était bon, libre et généreux s'étiolait dans cette « atmosphère empestée..... Les événements du jour étaient, tantôt une actrice qui « trouvait un nouveau procédé de blesser la décence, tantôt une comédie déshon-« nête..... Paris devenait la *foire* du monde entier, et réunissait dans son sein les pa-« resseux et les vaniteux venus de tous les coins du globe. Il suffisait qu'un homme « fût riche, qu'une femme fût protégée par un fonctionnaire quelconque, pour être « reçus dans le meilleur monde. Les bornes qui séparaient le vice de la vertu furent « effacées. La grande dame souriait à la courtisane et l'acceptait pour compagne ; elle « lui rendait hommage en s'efforçant d'imiter sa toilette et ses extravagantes allures. « Des agioteurs, des filous, des aventuriers avides, jouissaient de la considération du « monde officiel..... L'honneur et la probité semblaient être devenus des préjugés su-« rannés. »

(Le *Daily News*, journal anglais.)

a consisté à endormir les masses dans une quiétude amollissante, et à écarter avec soin tout ce qui pouvait troubler la sérénité de leurs joies égoïstes. Que le droit fût indignement violé, la justice outragée; que la déloyauté, donnant la main à la force brutale, égorgeât des nations chrétiennes et volât des trônes : tout ce brigandage public laissait indifférents peuples et gouvernements. Que leur importait? L'on mangeait, l'on buvait; les lieux de plaisir se multipliaient jusque dans le plus humble hameau; les capitaux abondaient, les affaires prospéraient : toutes les ressources, toutes les habiletés de l'esprit étaient uniquement employées à augmenter la fortune pour augmenter la jouissance. Voulez-vous connaître les vœux de ces hommes tombés sous la servitude des appétits de la matière? Saint Augustin va nous les dire, dans une page énergique que j'ai bien souvent relue, et qui s'applique à notre temps avec une vérité terrible. Le grand docteur nous apprend quel était pour ses contemporains, encore sous le coup de l'invasion d'Alaric, l'idéal d'un gouvernement parfait, et d'une société accomplie.

« Qu'importe à ces hommes la corruption et la honte de la société?
« Que l'Etat soit debout, disent-ils, appuyé sur une épée victorieuse,
« ou, ce qui est encore mieux, florissant par la sécurité et la paix.
« Et que nous fait le reste? Ou plutôt, il nous importe que chacun
« puisse enfler rapidement sa fortune, pour suffire aux prodigalités
« journalières, pour réduire le faible à la merci du puissant... Que
« les peuples applaudissent, non pas aux ministres de leurs vérita-
« bles intérêts, mais aux pourvoyeurs de leurs plaisirs; que rien
« de pénible ne soit ordonné, rien d'impur défendu; que les rois
« ne s'inquiètent pas de la vertu, mais uniquement de la soumis-
« sion de leurs sujets; que les provinces leur obéissent non comme
« aux directeurs de leurs mœurs, mais comme aux dispensateurs de
« leur fortune et aux intendants de leurs voluptés... Que les lois
« protègent plutôt la vigne que l'innocence de l'homme; que nul

« ne comparaisse devant le juge, s'il n'a entrepris sur le bien ou sur
« la vie d'autrui, s'il n'a été malfaisant et nuisible ; d'ailleurs, que
« des siens avec les siens, avec quiconque s'y prêtera, toute licence
« soit donnée ; que les lieux publics de débauche abondent au gré
« de qui veut jouir... Partout des palais somptueux ! partout de
« splendides festins ! partout, à votre fantaisie, où vous pourrez,
« jour et nuit, le jeu, la table, l'orgie ! Que de tous côtés l'on danse
« à rompre les planchers ; que les théâtres retentissent des applau-
? dissements d'une joie dissolue... Que celui-là soit ennemi public à
« qui telle félicité déplaît ; quiconque essayerait d'y réformer ou
« d'y retrancher quelque chose, que la libre multitude le rejette
« de son sein sans l'entendre, qu'elle le chasse, qu'elle le la-
« pide. Qu'on tienne pour le véritable Dieu, celui qui procure et
« qui conserve un pareil bonheur. Au surplus, que chacun ho-
« nore la Divinité suivant son goût : nous ne lui demandons
« qu'une chose, qu'elle nous garde de la peste, de la guerre
« ou de tout autre désastre qui pourrait altérer tant de prospé-
« rité (1). »

En vérité, est-ce pour la Rome sensuelle du ve siècle ou pour la
France de nos jours, est-ce il y a quinze cents ans ou seulement aujourd'hui, que ces lignes ont été écrites? Oui, à quoi bon le taire ?
malgré de grandes et glorieuses exceptions, notre société, prise en
masse, a effacé de ses idées, de ses mœurs, de ses habitudes, le
signe de la croix. La parole de l'Evangile : *Abnega temetipsum*, n'a
plus été comprise ni mise en pratique. La facile doctrine du laisser-
aller des passions, l'a définitivement emporté sur la forte et austère
doctrine du sacrifice. Chaque jour a vu grossir la foule de ceux
dont saint Paul a dit qu'ils avaient fait un dieu de leur chair :
Quorum deus venter est.

Telle est la vérité : il faut avoir le courage de la dire et de l'enten-

(1) S. Augustin, *De Civit. Dei*, lib. I, n° xx.

dre; il faut surtout avoir le courage d'employer le remède énergique qui seul peut nous préserver de la dissolution (1).

IV

L'esprit de sacrifice est donc trop absent de notre société, nous venons de le constater; cependant rien de plus nécessaire à la société que l'esprit de sacrifice, nous l'avons prouvé dès les premières pages. Sans le sacrifice, l'on ne peut, dans aucun ordre, rien faire de grand et de durable; il est la force qui meut tout et retient tout. Repoussez-le, si cela vous plaît, mais alors refaites la vie humaine jusque dans ses fondements; sinon, vous irez aux dernières et irrémédiables décadences.

Ainsi, point de salut pour nous si nous ne nous soumettons de nouveau à cette loi du renoncement, principe générateur et conservateur de toute véritable civilisation. OEuvre difficile : voyons ce qu'y peut l'homme livré à lui-même.

Nos passions se confondent avec le mouvement même de notre vie; y renoncer, c'est renoncer à notre vie propre, à ce *moi* égoïste qui nous tient tant au cœur. Quelle force aura assez d'empire et exercera un attrait assez puissant sur notre âme, pour l'arracher à elle-même ?

L'intérêt ? Sans doute, à bien prendre la chose, le véritable et

(1) La *Civiltà cattolica* décrit en ces termes quels ont été les résultats de la politique corruptrice qui a fait la France de 1870 :

« Les familles sans union, les jeunes gens sans pudeur, les mariages sans fécon-
« dité, les diplomates sans bonne foi, les triomphes de la volupté, les apothéoses du
« vice, la glorification du blasphème, les folies du luxe, et enfin, sur les champs de
« bataille, une armée sans discipline conduite par des capitaines presque tous sans
« intelligence. »

(Civiltà, livraison du 18 mars 1871. Il Ristoramento
della Francia.)

éternel intérêt de l'homme est dans la victoire sur lui-même. Mais l'homme connaît-il et suit-il son véritable intérêt? Fasciné par la séduction du moment, ne prend-il pas trop souvent pour son intérêt le plaisir de l'heure présente qui le sollicite? Et puis croyez-vous, avec ce sentiment étroit et vulgaire, pouvoir soulever le cœur de l'humanité et lui inspirer de constants et héroïques renoncements? Persuadez donc, au nom du pur intérêt, à cette enfant de dix-huit ans qui ne connaît encore de la vie que les sourires, à ce jeune homme, à ce père de famille, de se sacrifier, de s'immoler dans de longs et obscurs dévouements, de se faire tuer, soldats ignorés, pour une cause qui ne pense point à eux. Essayez, au nom de l'intérêt, de prêcher la résignation au pauvre, la charité au riche, l'obéissance au sujet, la modération au victorieux, et vous serez bien écoutés ! L'intérêt calcule, le sacrifice se livre; l'intérêt ramène l'âme sur elle-même, le sacrifice la jette hors d'elle-même; l'intérêt est froid et égoïste, le sacrifice est ardent et généreux.

A défaut de l'intérêt, ferons-nous appel à la sagesse purement rationnelle?

Et d'abord, si nous nous en tenons au rationalisme absolu, quel motif aurait l'homme de se soumettre à la loi du sacrifice? Vivant en lui, pour lui, affirmant son droit, se posant vraiment comme dieu et comme centre de toutes choses, son bonheur ne peut être que dans l'épanouissement libre et sans contrainte de tous ses désirs et de tous ses penchants. Une fois cette position prise par l'homme et tenue par lui pour légitime, le droit de donner satisfaction à tous les instincts va de soi. Pourquoi l'homme, maître de lui-même, s'armerait-il contre lui-même? Le renoncement n'a plus de sens; l'égoïsme est la loi.

Je veux bien que la négation de la vérité ne soit pas poussée aussi loin, ou que le sentiment du devoir et de la nécessité de réprimer les passions survive dans l'homme à cette revendication de la souveraineté; mais pense-t-on sérieusement que l'idée du devoir oppose une digue suffisante aux troubles et aux emportements qui s'élèvent des plus mystérieuses profondeurs de la vie? Rentrons en nous-mêmes, ayons le courage d'être de bonne foi, et demandons-nous ce qu'à certaines heures, dans certaines circonstances, sous le charme séduisant de certaines convoitises, pèserait dans notre conscience l'idée solitaire du devoir.

Eh quoi ! l'honnête homme, encore tout pénétré des influences surnaturelles du christianisme, s'il ne fait pas habituellement intervenir Dieu dans sa vie, sent trop souvent, en face du bien clairement aperçu, ses forces l'abandonner, et devient la proie des plus humiliantes faiblesses ; et vous voudriez que l'humanité prise en masse triomphât de la mobilité, de l'entraînement et de l'effervescence de ses passions, en s'appuyant sur la pure conception de la justice abstraite ! En vérité, c'est trop, c'est beaucoup trop lui demander, et il faut être singulièrement naïf, ou bien mal connaître le génie du cœur humain, pour se faire illusion à ce point. Aussi bien, l'histoire des idées et l'histoire des peuples vient-elle apporter ici une confirmation tristement éloquente aux conclusions du raisonnement et de l'expérience intime.

Certes, nul, dans l'ordre purement rationnel, n'a pris un essor plus sublime que Platon. Eh bien ! Platon, dans ses plus hautes conceptions, pour n'avoir pas su atteindre à l'idée pleine et vraie du sacrifice, a capitulé avec les corruptions du cœur humain : et lorsqu'il a voulu réaliser dans l'Etat, qui n'est que l'homme agrandi, la vertu telle que sa raison la lui montrait, succombant à la tâche, il est tombé au dessous des plus vulgaires données du sens moral, et il s'est laissé aller à des égarements qui sont une des plus humiliantes leçons que la Providence ait infligées à l'orgueil rationaliste. Ses principes, on l'a très-bien dit, ne tendent à rien moins qu'à mettre les sociétés *au régime des haras*. Et voilà jusqu'où est descendu le génie le plus élevé du paganisme. Au surplus, toute la morale de l'antiquité n'aboutit-elle point, dans la doctrine des stoïciens et des épicuriens, à la glorification de l'orgueil de l'esprit et de la convoitise des sens ; partant, à la négation du sacrifice ?

Ce que la civilisation antique eut de splendeur, elle le dut à certaines vertus naturelles, fondées toutes en définitive sur le renoncement ; vertus et renoncement qui, tout incomplets qu'ils étaient, firent la grandeur des premiers temps de Sparte et de Rome. Mais cette énergie naturelle, sujette d'ailleurs à tant de lacunes, déparée par tant d'excès, ne pouvant se purifier et se rajeunir aux véritables sources du sacrifice, s'épuisa bientôt, et la société, subissant le joug des passions, tomba, malgré ses philosophes et ses professeurs de morale, dans l'abîme de boue sanglante d'où l'Eglise l'a retirée.

Ainsi la sagesse et la vertu de l'homme ont donné la mesure de leurs forces. Croire qu'elles seraient aujourd'hui plus puissantes qu'elles ne le furent dans l'antiquité, serait une étrange illusion. Il est facile d'écrire sur la *religion naturelle* et sur le *devoir* des livres éloquents, dont la partie saine et acceptable n'est qu'un ressouvenir des leçons du catéchisme : mais tous ces beaux discours effleurent l'esprit sans relever la volonté de ses affaissements. Les rhéteurs ne remplaceront jamais les saints. Sénèque, un sage, — qui aurait fait de nos jours un très-correct ministre de l'instruction publique, — s'écrie quelque part : « O la vile et abjecte chose que « l'homme, s'il ne s'élève au dessus de l'humanité ! » Pauvre homme ! L'histoire nous apprend comment il sut s'élever au dessus de l'humanité !...

Montaigne réplique très-sensément à Sénèque : « Voilà un bon mot et « un utile désir, mais pareillement absurde ; car de faire la poignée « plus grande que le poing, la brassée plus grande que le bras, et « d'espérer enjamber plus que l'étendue de nos jambes, cela est impossible et monstrueux, et l'est encore que l'homme se montre au « dessus de soi et de l'humanité, car il ne peut voir que de ses yeulx, « ni saisir que de ses prises. Il s'eslèvera si Dieu lui preste extra« ordinairement la main ; il s'eslèvera, abandonnant et renonçant à

« ses propres moyens, et se laissant haulser et soublever par les
« moyens purement célestes (1). » Le sceptique gentilhomme péri-
gourdin se rencontre ici avec l'auteur de l'*Imitation*. « Il faut se
« détacher parfaitement de soi-même, sortir de son esprit... mon-
« ter plus haut... Mais pour cela une grâce puissante qui soulève
« l'âme est nécessaire (2). »

Cette énergie divine, qui soutient et qui relève nos forces, est
communiquée à l'homme par Celui qui est à la fois l'idéal, la loi
vivante, le principe fécond et la récompense de tout vrai sacrifice,
par Notre-Seigneur Jésus-Christ. Pour arracher l'homme aux bas-
sesses des sens, pour briser la dureté de son égoïsme, il ne fallait
rien moins que l'exemple et l'amour du Dieu fait homme. Depuis
que le Fils de Dieu est né dans une crèche, sur un peu de paille ;
depuis qu'il a couronné son front d'un diadème d'épines et qu'il est
mort sur la croix, une passion nouvelle, infinie comme son objet,
toujours jeune, toujours triomphante, s'est allumée au cœur de l'humanité, la passion du sacrifice. De l'Eglise, qui en est le foyer, elle
s'est répandue sur toute la terre, et elle a pénétré de son ardeur le
pauvre dans sa chaumière, le roi sur son trône. On a vu les disci-
ples de la Croix ne s'épargner à aucun labeur, ne reculer devant
aucun obstacle, verser leurs sueurs pour défricher le sol de l'Eu-
rope, verser leur sang pour défricher les âmes plus incultes encore
de ses barbares habitants. Ils ont aimé Dieu, ils ont aimé les hommes ; ils ont méprisé la vie, ils ont méprisé la mort. Dites un dévouement qu'ils n'aient pas connu, une misère qu'ils n'aient pas
consolée, une œuvre pénible et rebutante à la nature qu'ils n'aient
pas entreprise, un droit qu'ils n'aient pas défendu, et dont au besoin
ils n'aient pas été les martyrs. C'est cette passion toute de l'ordre
surnaturel qui a renouvelé la face du monde. En courbant l'huma-

(1) *Essais*, liv. VI, ch. XII.
(2) *De Imit.*, lib. III, cap. XXX.

nité sous le joug du renoncement, le christianisme n'a pas seulement opéré la rédemption des âmes dans l'ordre des intérêts éternels, il a encore pourvu, dans l'ordre secondaire des intérêts du temps, aux nécessités de toute véritable civilisation. Force d'impulsion, l'abnégation chrétienne a communiqué aux volontés ce désintéressement, cette énergie, cette constance d'efforts qui surmontent toutes les résistances et ouvrent la voie à tous les progrès légitimes. Force de conservation, elle a défendu les peuples qui ont accepté sa loi contre les dangereuses séductions de la prospérité, et les a maintenus dans cette sobriété, dans cette modération, dans cette simplicité de vie, conditions essentielles de toute grandeur solide et durable.

Cette force, le monde la méconnaît et la repousse ; cependant elle porte le monde, et tout ce qui reste encore parmi nous d'honneur, de dignité et de sentiment du devoir, nous le devons aux pénétrantes influences de l'esprit de sacrifice, apporté ici-bas par Jésus-Christ et conservé par l'Eglise.

Les habiles en tiennent peu compte dans leurs combinaisons, et pourtant à quoi aboutirait toute leur habileté sans cet arôme divin qui préserve nos sociétés agonisantes de la plus épouvantable putréfaction ? Organisez, faites des lois : à merveille. Organiserez-vous la vertu et décréterez-vous les mœurs ? A cette œuvre vous êtes aussi impuissants que le sont les savants avec toute leur science à créer un brin d'herbe vivant.

V

Concluons. — Nous périssons faute de justice, de dévouement, de paix ; en somme, faute d'esprit de sacrifice. Cet esprit vital, l'Eglise le possède, et seule elle le possède ; allons donc le chercher dans l'Eglise. Pour être hommes de sacrifice, soyons chrétiens, et soyons-le franchement. Car il ne suffit pas de s'incliner devant l'Evangile, il faut encore le porter dans le cœur et le traduire dans la conduite de chaque jour : il faut revenir à Dieu, à Jésus-Christ, pratiquement, entièrement, et, pour dire le mot propre, il faut *se convertir*.

A cette condition, nous vivrons, nous redeviendrons ce vaillant peuple des Francs sacré dans le baptistère de Reims pour être ici-bas le soldat et le justicier de Dieu. Mais si nous renions lâchement ce devoir, qu'à l'heure présente j'appelle hautement le plus patriotique des devoirs, si nous abjurons notre foi, ou si nous n'avons pas le courage d'y soumettre notre vie, malgré les efforts les plus honnêtes et les plus intelligents, malgré tous les expédients de la sagesse humaine, nous tomberons un jour du sein de notre repos sensuel et de nos jouissances aux mains des barbares fils de nos corruptions.

Qu'on ne s'y trompe pas : deux doctrines sont en présence et se disputent non seulement la France, mais aussi le monde. L'une prétend installer dès ici-bas le règne définitif de la justice et du bonheur, en refaisant la société de toutes pièces et en lâchant la bride à toutes les passions : c'est l'erreur radicale, le socialisme. L'autre proclame que la justice complète et que le bonheur parfait ne sont pas de cette terre, que la vie est une épreuve, et que toute la destinée de l'homme se résume en ces deux mots : arriver à la possession intime de Dieu par le sacrifice ; voilà le but et le moyen : c'est la vérité absolue, le catholicisme. A nous de voir s'il nous convient d'être la proie du socialisme ou l'heureuse conquête du catholicisme (1).

P. S. — A l'heure où nous relisons ces lignes, la France, à peine échappée aux serres du vautour germanique, est réduite à disputer les restes de son existence aux ongles des bêtes fauves qui ont fait leur repaire de Paris. La cité, orgueil et joie du monde moderne, en est devenue l'égout et l'épouvante. Sur le dôme de Sainte-Geneviève découronné de la croix flotte le haillon hideux et sanglant,

---

(1) Cette idée que nous ne faisons qu'indiquer mériterait de plus larges développements. Il y a là, à notre humble avis, une question capitale. Si Dieu nous prête force et lumière, nous l'aborderons dans un travail plus étendu.

symbole de toutes les hontes et de toutes les terreurs, et en même temps une poignée de bandits, siégeant à l'Hôtel-de-Ville, fait trembler la grande Babylone. Hier, les délices corruptrices ; aujourd'hui, l'effroi, le pillage, la ruine : *Qui nutriebantur in croceis, amplexati sunt stercora* (1). Et maintenant faites les fiers, beaux esprits de la libre-pensée. Vous décochiez à votre aise contre Dieu vos fines ou épaisses railleries ; Dieu a répondu. Il est vrai, les églises sont fermées et les prêtres traînés en prison ; mais où est la sécurité pour vos personnes et pour vos coffres-forts? L'agent de la Commune qui a mis sa main brutale sur l'archevêque de Paris a brisé votre plume et scellé vos livres. O leçons de la Providence! ô justice du ciel! Jésus-Christ ou Barabbas, l'Eglise ou l'Internationale, la croix ou le drapeau rouge : choisissez, hommes d'ordre, *conservateurs*, vous sur qui, depuis soixante ans, pèsent de si terribles responsabilités (2). Seule, la *conversion* individuelle et nationale peut nous sauver de cette universelle *perversion* qui s'appelle *la révolution*. Le comprendra-t-on enfin ? Ou bien, alors que la terre tremble sous nos pas, que la foudre gronde sur nos têtes ; alors que toute force est impuissante, toute habileté prise au piége, toute sagesse à bout, nous opiniâtrerons-nous dans notre apostasie sociale, et, sur le penchant de l'abîme, pousserons-nous le rugissement des Juifs déicides : *Nolumus hunc regnare super nos :* « Non, nous ne voulons pas de ce Jésus pour roi? » Mon Dieu, mon Dieu, ayez pitié de la pauvre France, et ne souffrez pas qu'elle soit plus longtemps impénitente !

(1) Jérémie.

(2) Une feuille révolutionnaire belge, dans un article reproduit et approuvé par l'*Officiel* de la Commune, a dit avec beaucoup de vérité : « De la crise actuelle, « qu'est-ce qui peut sortir, sinon l'ancienne société monarchique, religieuse, ou le « socialisme révolutionnaire? »

Lyon. — Impr. de Félix Girard, rue St-Dominique, 13.